① **She** is our English teacher. 　彼女は私たちの英語の先生です。

② **We** know **him**. 　私たちは彼を知っています。

③ This umbrella is **yours**. 　このかさはあなたのものです。

- **代名詞**は名詞の代わりに使われる。
- 代名詞は人称(➡ **Hints !**)，数，文の中でのはたらきによって形が異なる。

Hints !

❶

● 人称
① 1人称
➡ I，we〈自分〉
② 2人称
➡ you〈相手〉
③ 3人称
➡ he，she，it，they など〈自分と相手以外の人・もの〉

❶ （　　）内に適切なものを入れて，代名詞の表を完成させなさい。

	…は	…の	…を[に]	…のもの
1人称	I	my	me	mine
	we	(1) (　　　)	us	ours
2人称	you	(2) (　　　)	you	yours
3人称	he	his	him	(6) (　　　)
	she	her	(4) (　　　)	hers
	it	(3) (　　　)	it	——
	they	their	(5) (　　　)	theirs

❷

(1)(5)(6) 動詞の目的語になる代名詞。「…を[に]」という意味のものを選ぶ。

(2)(7)「…のもの」という意味の代名詞を選ぶ。

(3)「…の」という意味の代名詞を選ぶ。

(4) 主語になる代名詞。「…は」という意味のものを選ぶ。

❷ 日本語に合うよう，（　　）内から適切なものを選びなさい。

(1) I called (she，her).
　私は彼女に電話しました。

(2) That bag is (my，mine).
　あのかばんは私のものです。

(3) This is (his，him) dictionary.
　これは彼の辞書です。

(4) (We，Our) are junior high school students.
　私たちは中学生です。

(5) He visited (their，them) last Sunday.
　彼はこの前の日曜日に彼らを訪ねました。

(6) Please help (we，us).
　私たちを手伝ってください。

(7) Is this notebook (your，yours)?
　このノートはあなたのものですか。

3 主語と動詞

❶ I am in Australia now. 　私は今，オーストラリアにいます。

❷ I like music. 　私は音楽が好きです。

● **主語**は「だれは」「何は」を表す語，**動詞**は「～する」「…である」と動作や状態を表す語。
● 日本語と英語の語順のちがい：動詞は日本語では文の最後にくるが，英語では主語のあとにくる。

Hints !

❶

(1)～(4) 主語(…は)
+動詞(～する)
+その他(だれと，
いつ，どこで，ど
のように)…の語
順になっている。

❷

それぞれの日本語を
参考にして，その意味
を表す動詞を選ぶ。
動詞は，主語の直後に
置くこと。

❶ 次の英文の主語を○で囲み，動詞に下線を引きなさい。

(1) I go to school with Yumi. 　私はユミといっしょに学校へ行きます。

(2) We run in the park every day. 　私たちは毎日，公園を走ります。

(3) They are in the music room now. 　彼らは今，音楽室にいます。

(4) My dog walks very fast. 　私のイヌはとても速く歩きます。

❷ 日本語に合うよう，次の各英文の適切な箇所に，[　]内から動詞を
選んで補い，全文を書きなさい。

(1) I tennis every day. 　私は毎日テニスをします。

_____

(2) She from Hokkaido. 　彼女は北海道出身です。

_____

(3) They in the sea every summer. 　彼らは毎年夏になるとその海で泳ぎます。

_____

(4) We high school students. 　私たちは高校生です。

_____

[are 　is 　play 　swim]

FUN QUIZ ●★印の(　)内から適切なものを選び，ケンとサラの会話を完成させなさい。

Ken, are you OK?

Can I share your textbook?
I ★(was, forgot) mine.

Oh! Me, too.

4 be-動詞 （現在形の肯定文）

❶ **I am** Nancy.　　　　　　　　私はナンシーです。

❷ **There is** a dog on the chair.　いすの上に1匹のイヌがいます。

● be-動詞は「…である」「…にいる」の意味を表す。
● be-動詞は，主語が I なら am，you か複数なら are，それ以外（he，she，it など）なら is と使い分ける。
● There is [are] ... ～. : 「～に…がある[いる]」

Hints！

❶
(1)～(5)〈主語＋be-動詞〉の語順である。

●短縮形
・I am ➡ I'm
・you are
　➡ you're
・he is ➡ he's
・she is ➡ she's
・it is ➡ it's
・there is
　➡ there's
・there are
　➡ there're

There is [are] ...
～. の文では，あとに続く名詞が単数の場合，be-動詞は is，複数の場合は are を用いる。

❷
「～に…がある[いる]」の表現は，There is [are] ...～. を用いて表す。

(1)(2) 名詞が単数か複数かに注意する。

❶　日本語に合うよう，（　　）内から適切なものを選びなさい。

(1) I (am, are) a high school student.　私は高校生です。

(2) His father (are, is) a math teacher.
　彼のお父さんは数学の先生です。

(3) The shrine (is, am) very old.　その神社はとても古い。

(4) They (is, are) soccer fans.　彼らはサッカーのファンです。

(5) (She's, You're) from Canada.
　彼女はカナダの出身です。

(6) There (is, are) a tree in the garden.
　庭に1本の木があります。

(7) There (is, are) two apples on the table.
　机の上に2個のりんごがあります。

(8) (There's, There're) a clock on the wall.
　かべに1つの時計がかかっています。

❷　絵を見て「～に…があります[います]」という意味の英文になるよう，指定された文字で始まる語を（　　）に書きなさい。

(1)	(2)	(3)

(1) There is a (b　　　　　　　) on the desk.

(2) There are (t　　　　　　) (c　　　　　　　) in the box.

(3) There (a　　　　　　) (f　　　　　　　) boys in the park.

❶ I am not a teacher.　　私は教師ではありません。

❷ Are you a teacher?　　あなたは教師ですか。

　— Yes, I am.　　　　　— はい，そうです。

　— No, I am not.　　　　— いいえ，そうではありません。

● be-動詞の否定文は，be-動詞のあとに not を置く。

● 疑問文は，be-動詞を主語の前に出す。

Hints !

❶

be-動詞の否定文では be-動詞の後ろに not が置かれる。疑問文はクエスチョン・マーク（？）で終わる。

❶ 次の英文が否定文であれば 1 を，疑問文であれば 2 を（　）に書きなさい。

(1) I am not a soccer player.　　　　　　　　　（　　　）

(2) Is Jim from Australia?　　　　　　　　　　（　　　）

(3) They are not my classmates.　　　　　　　（　　　）

(4) My father is not a doctor.　　　　　　　　（　　　）

(5) Are they your friends?　　　　　　　　　　（　　　）

(6) You are not alone.　　　　　　　　　　　　（　　　）

(7) Is he in the library?　　　　　　　　　　　（　　　）

(8) Are you free this weekend?　　　　　　　　（　　　）

❷

● 短縮形
・are not ➡ aren't
・is not ➡ isn't

(4) There is [are]...
〜. の否定文は，
be-動詞のあとに
not を置いて表す。

❷ 日本語に合うよう，（　）内から適切なものを選びなさい。

(1) I am (no, not) Mike.　私はマイクではありません。

(2) You (isn't, aren't) wrong.　あなたは間違っていません。

(3) He (isn't, aren't) from Osaka.　彼は大阪の出身ではありません。

(4) There (isn't, aren't) many people in the park.
その公園にはあまり多くの人がいません。

(5) (Am, Are) you busy? — Yes, I (am, are).
あなたは忙しいですか。— はい，忙しいです。

(6) (Are, Is) she your sister? — No, she (aren't, isn't).
彼女はあなたのお姉さんですか。— いいえ，ちがいます。

(7) There is [are]...
〜. の疑問文は，
be-動詞を there の
前に出して表す。

(7) (Are, Is) there a library in this town?

　— No, there (aren't, isn't).
この町に図書館はありますか。— いいえ，ありません。

6 be-動詞 （過去形の文）

❶ I was busy last week.　私は先週，忙しかったです。

❷ They were in the gym.　彼らは体育館にいました。

- be-動詞の過去形は，主語が I や 3 人称・単数なら was，you や複数なら were となる。
- be-動詞の過去形の否定文：was [were] のあとに not を置く。
- be-動詞の過去形の疑問文：Was [Were] を主語の前に出す。

Hints !

❶

●過去を表す語句
- yesterday「昨日」
- last ...
  「この前の…」
- ... ago「…前」
- then「そのとき」

(3) There is [are]...
～. の過去の文は，
be-動詞を過去形に
して表す。

●短縮形
- was not
  ➡ wasn't
- were not
  ➡ weren't

❶ 日本語に合うよう，（　　）内から適切なものを選びなさい。

(1) I (am, was) at home yesterday.　私は昨日，家にいました。

(2) They (was, were) very kind.　彼らはとても親切でした。

(3) There (was, were) a bag on the chair.
いすの上にかばんが 1 つありました。

(4) We (weren't, wasn't) in the classroom then.
私たちはそのとき，教室にいませんでした。

(5) (Was, Were) you happy? — Yes, I (was, were).
あなたはうれしかったですか。— はい，うれしかったです。

(6) (Was, Were) there a notebook on the desk?

　— No, there (wasn't, weren't).
机の上にノートがありましたか。— いいえ，ありませんでした。

❷ 日本語に合うよう，指定された文字で始まる語を（　　）に書きなさい。

(1) We (w　　　　　　) busy this morning.
私たちは今朝忙しかったのです。

❷

(2) be-動詞の過去形
のあとに not。

(2) He (w　　　　　) (n　　　　　　　) free yesterday.
彼は昨日，ひまではありませんでした。

(3) be-動詞の過去の
疑問文は，Was
[Were] を主語の前
に出す。

(3) (W　　　　　) (y　　　　　　) classmates last year?

　— Yes, we (w　　　　　).
あなたたちは昨年，クラスメートでしたか。— はい，そうでした。

●★印の（　　）内から適切なものを選び，ミカとトムの会話を完成させなさい。

Hey, did you see my cake?

I was very hungry and there was a cake in front of me, so ...

Oh, no! It ★(were, was) my favorite one ... .

7 一般動詞（現在形の肯定文）

❶ I play tennis.　　　私はテニスをします。

❷ She plays tennis.　彼女はテニスをします。

- be-動詞以外の動詞を**一般動詞**という。「**～する**」の意味になる。
- 主語が I，you 以外で 1 人（1 つ）[3 人称・単数] で現在の文のとき，一般動詞に **-s [-es]** をつける。

（➡ **Hints !**）

Hints !

❶, ❷

● 3 人称・単数・現在の -s [-es] のつけ方
① ふつう➡語尾に s をつける
② 語尾が s, sh, ch, x, o➡語尾に es をつける
③ 語尾が〈a, i, u, e, o 以外＋y〉➡ y を i に変えて es をつける
④ 不規則に変化する

❷

それぞれの文の主語は
(1) 1 人称・単数
(2) 3 人称・単数
(3) 3 人称・複数
(4) 3 人称・単数
(5) 3 人称・単数
(6) 3 人称・単数

(2) get up「起きる」
(6) go to bed「寝る」

❶ 次の動詞に 3 人称・単数・現在の -s, -es をつけなさい。

(1) eat　（　　　　　）　(2) watch　（　　　　　）

(3) study　（　　　　　）　(4) make　（　　　　　）

(5) teach　（　　　　　）　(6) do　　（　　　　　）

(7) wash　（　　　　　）　(8) try　　（　　　　　）

(9) fly　　（　　　　　）　(10) mix　　（　　　　　）

❷ 日本語に合うよう，（　　）内から適切なものを選びなさい。

(1) I (like, likes) math very much.
私は数学がとても好きです。

(2) He (get, gets) up early every morning.
彼は毎朝早く起きます。

(3) They sometimes (cook, cooks) lunch.
彼らはときどき昼食を料理します。

(4) Kyoto (have, has) many temples.
京都にはたくさんの寺があります。

(5) Mike (practice, practices) tennis on Monday.
マイクは月曜日にテニスを練習します。

(6) Aki (go, goes) to bed at eleven.
アキは11時に寝ます。

●★印の（　　）内から適切なものを選び，ジョンの話を完成させなさい。

I ★(has, have, having) a cat and his name is Mike.

He is always cool and he doesn't show his feelings …

… but when he smells something bad, he makes a funny face.

一般動詞（現在形の否定文，疑問文）

❶ I do not like soccer. 　　私はサッカーが好きではありません。

❷ Does Mike like soccer? 　マイクはサッカーが好きですか。

　　— Yes, he does. 　　　　— はい，好きです。

　　— No, he does not. 　　　— いいえ，好きではありません。

- ●「～しません」と否定する文は〈主語＋do not＋動詞の原形 … .〉
- ●「～しますか」とたずねる文は〈Do＋主語＋動詞の原形 …?〉
- ● 主語が3人称・単数のとき，do の代わりに does を使う。

Hints !

❶
文末の記号にも注目する。ふつうの文と否定文はピリオド(.)で終わり，疑問文はクエスチョン・マーク(?)で終わる。

❶ 次の英文が否定文であれば1を，疑問文であれば2を（　　）に書きなさい。

(1) I do not know her name. 　　　　　　　（　　　）

(2) Do you eat breakfast every day? 　　　（　　　）

(3) Ken does not use the camera. 　　　　（　　　）

(4) We do not go to school on Sunday. 　（　　　）

(5) Does she live in this town? 　　　　　（　　　）

(6) Does Mary have any dogs? 　　　　　（　　　）

❷
それぞれの文は，
(1)～(3) 否定文
(4)～(6) 疑問文

(2)(5)(6) 主語が3人称・単数であることに注意する。

●短縮形
・do not
　➡ don't
・does not
　➡ doesn't

❷ 日本語に合うよう，（　　）内から適切なものを選びなさい。

(1) I (don't, doesn't) play the piano.
私はピアノを弾きません。

(2) He (don't, doesn't) have a car.
彼は車を持っていません。

(3) People in this country (don't, doesn't) speak English.
この国の人たちは英語を話しません。

(4) (Do, Does) you want new balls? — Yes, I (do, does).
あなたは新しいボールが欲しいですか。—はい，欲しいです。

(5) (Do, Does) Ms. Mori walk to school?
　— No, she (don't, doesn't).
森先生は歩いて学校に行きますか。—いいえ，歩いて行きません。

(6) (Do, Does) Mike come to school early every morning?
　— No, he (don't, doesn't).
マイクは毎朝早くに学校に来ますか。—いいえ，来ません。

9 一般動詞（過去形の文）

❶ I played baseball yesterday. 　私は昨日，野球をしました。

❷ I didn't play baseball yesterday. 　私は昨日，野球をしませんでした。

❸ Did you play baseball yesterday? 　あなたは昨日，野球をしましたか。

● 「〜した」と過去のことを表すときは，一般動詞を**過去形**にする。
● 一般動詞の過去形には，-ed[-d]で終わるものや，不規則に変化するものがある。（➡ **Hints！**）

Hints！

❶, ❷

● 一般動詞の過去
　形のつくり方
① ふつう ➡ 語尾に
　ed をつける
② e で終わる ➡ 語
　尾に d をつける
③ 語尾が〈a, i, u,
　e, o以外+y〉➡ y
　を i に変えて ed
　をつける
④ 語尾の字を重ね
　て ed をつける
⑤ 不規則に変化する

❷

● 一般動詞の過去
　形の否定文
〈主語＋did not＋動
詞の原形 …〉
● 一般動詞の過去
　形の疑問文
〈Did＋主語＋動詞
の原形 …?〉

(6) Did を使った過去
　の疑問文には，did
　を使って答える。

❶ 次の動詞を過去形にしなさい。

(1) call 　　（　　　　　　　） 　(2) live 　　（　　　　　　　）

(3) study 　（　　　　　　　） 　(4) go 　　（　　　　　　　）

(5) come 　（　　　　　　　） 　(6) make 　（　　　　　　　）

❷ 日本語に合うよう，（　　）内から適切なものを選びなさい。

(1) I (watch, watched) TV yesterday.
　私は昨日，テレビを見ました。

(2) He (cook, cooked) lunch last Sunday.
　彼はこの前の日曜日に昼食を料理しました。

(3) Meg (clean, cleaned) her room this morning.
　メグは今朝，部屋を掃除しました。

(4) He (does, did) not come to school last Tuesday.
　彼はこの前の火曜日に学校に来ませんでした。

(5) I didn't (have, had) breakfast this morning.
　私は今朝，朝食を食べませんでした。

(6) (Do, Did) you study English last night? ― Yes, I (do, did).
　あなたは昨夜，英語を勉強しましたか。― はい，しました。

(7) Did he (use, used) this bike? ― No, he (doesn't, didn't).
　彼はこの自転車を使いましたか。― いいえ，使いませんでした。

● Ken read the book. とは，過去・現在・未来のうち，
　いつのこと？

ヒント ➡ read は主語が3人称・単数で現在の文のとき，reads と変化します。
　read の変化を確認してみましょう。

❶ **Close** the door.　　ドアを閉めなさい。

❷ **Don't speak** now.　　今は話してはいけません。

❸ **Let's go** shopping.　　買い物に行きましょう。

● 「〜しなさい」と命令する文は**動詞の原形で文を始める。**

● 「〜してはいけません」と禁止する文は〈**Don't＋動詞の原形 ... .**〉

● 「〜しましょう」と相手をさそう文は〈**Let's＋動詞の原形 ... .**〉

Hints !

❶

(2) be-動詞の原形は be。形容詞を使って命令するときは，〈Be＋形容詞〉で文を始める。

(2)(3)(5) 「〜してください[〜しないでください]」とていねいに言う場合は，please を使う。

❶ 日本語に合うよう，（　　）内から適切なものを選びなさい。

(1) (Sit，Sits) down.　　座りなさい。

(2) (Are，Be) quiet, please.　　静かにしてください。

(3) Please (look，looked) at this picture.　　この写真を見てください。

(4) (Don't，Doesn't) swim in this river.
この川で泳いではいけません。

(5) Don't (take，takes) pictures in this museum, please.
この博物館で写真を撮らないでください。

(6) (Don't，Let's) have lunch together.
いっしょに昼食を食べましょう。

(7) (Don't，Let's) go to the park.
公園へ行きましょう。

❷

(1)(2) 命令文では動詞の原形を使う。

(2)(4) please は，文の先頭にも，最後にも置くことができる。最後に置くときは，その直前にカンマ (,) を置くこと。

(5) 「〜しましょう」と相手をさそう文。

❷ 日本語に合うよう，指定された文字で始まる語を（　　）に書きなさい。

(1) (W　　　　　　) your hands.
手を洗いなさい。

(2) Please (o　　　　　　) the window.
窓を開けてください。

(3) (D　　　　　) (r　　　　　　) here.
ここで走ってはいけません。

(4) (D　　　　　) (b　　　　　) late, (p　　　　　).
遅れないでください。

(5) (L　　　　　) (p　　　　　) soccer.
サッカーをしましょう。

11 いろいろな疑問文

❶ **What** is your favorite animal?　　　あなたの好きな動物は何ですか。

　— It is a cat.　　　　　　　　　　　　— ネコです。

❷ **Where** are you from?　　　　　　　　あなたはどこの出身ですか。

　— I'm from India.　　　　　　　　　　— 私はインド出身です。

● 「何」や「どこ」などと聞くときは，疑問文の文頭に what や where などの**疑問詞**を置く。

Hints !

❶

● 疑問詞
・what「何」
・who「だれ」
・where「どこ」
・when「いつ」
・why「なぜ」
・how「どうやって」
・whose「だれの」
・which「どちら」

❶ 日本語に合うよう，(　　)内から適切なものを選びなさい。

(1) (What, Where) is this?
　　これは何ですか。

(2) (Who, When) did you finish your homework?
　　あなたはいつ宿題を終わらせましたか。

(3) (Where, When) does Mike live?
　　マイクはどこに住んでいますか。

(4) (How, What) did she come here?
　　彼女はどうやってここに来ましたか。

(5) (When, Who) wrote this book?
　　だれがこの本を書きましたか。

(6) (How, Why) did he go home?
　　彼はなぜ帰宅したのですか。

(7) (Whose, What) notebook is this?
　　これはだれのノートですか。

❷
(1) who が主語になるので，後ろにそのまま動詞を続ける。

(2) 疑問詞のあとは〈be-動詞＋主語 …〉の順になる。

(3)(4) 疑問詞のあとは〈did [do] ＋主語＋動詞の原形 …〉の順になる。

❷ 日本語に合うよう，(　　)内の語句を並べかえなさい。

(1) (breakfast / cooked / who)?　だれが朝食を作りましたか。

_____?

(2) (is / your birthday / when)?　あなたの誕生日はいつですか。

_____?

(3) (eat / did / what / you) last night?　あなたは昨夜，何を食べましたか。

_____ last night?

(4) (you / come / do / how) to school?　あなたはどうやって学校へ来ますか。

_____ to school?

12 進行形

❶ **I am studying English now.**　私は今，英語を勉強しています。

❷ **Is she watching TV now?**　彼女は今，テレビを見ていますか。

　— **Yes, she is.**　　　　　　— はい，見ています。

　— **No, she is not.**　　　　　— いいえ，見ていません。

● 「～している」と言うときは〈be-動詞＋動詞の～ing 形〉を使って表す。

● 進行形の疑問文は be-動詞を主語の前に出す。

● 進行形の否定文は be-動詞のあとに not を置く。

Hints !

❶

● ～ing 形のつくり方
① ふつう ➡ 語尾に ing をつける
② 語尾が e ➡ e を取って ing をつける
③ 語尾が ie ➡ ie を y に変えて ing をつける
④ その他 ➡ 文字を重ねて ing をつける

❷

● 過去進行形
「～していた」は be-動詞を過去形にして表す。

1 次の動詞を～ing 形にしなさい。

(1) play　(　　　　　　)　　(2) clean　(　　　　　　)

(3) move　(　　　　　　)　　(4) take　(　　　　　　)

(5) use　(　　　　　　)　　(6) swim　(　　　　　　)

2 日本語に合うよう，(　　)内から適切なものを選びなさい。

(1) I am (read, reading) a book now.　私は今，本を読んでいます。

(2) He (runs, is running) in the park now.
彼は今，公園で走っています。

(3) It (isn't, doesn't) raining now.
今，雨は降っていません。

(4) (Is, Does) she listening to music? — Yes, she (is, does).
彼女は音楽を聞いているところですか。—はい，そうです。

(5) I (am, was) cooking then.
私はそのとき料理していました。

(6) We (are, were) watching a movie at that time.
私たちはそのとき，映画を見ていました。

FUN QUIZ

● ★印の(　　)内から適切なものを選び，ジムと母親の会話を完成させなさい。

13 未来を表す文

❶ It **will** rain soon.　すぐに雨が降るでしょう。

❷ I **am going to** visit Canada next month.

私は来月，カナダを訪れる予定です。

● 〈will＋動詞の原形〉：「～するだろう」「～するつもりだ」

　　否定文：will のあとに not を置く。　　疑問文：Will を主語の前に出す。

● 〈be going to＋動詞の原形〉：「～するつもりだ」

　　否定文：be-動詞のあとに not を置く。　　疑問文：be-動詞を主語の前に出す。

Hints !

❶, ❷

● **未来を表す疑問文への答え方**

・Will you ～?
　－ Yes, I will.
　－ No, I won't
　　[will not].

・Are you going to
　～?
　－ Yes, I am.
　－ No, I'm not.

● **短縮形**

・I will ➡ I'll
・you will ➡ you'll
・he will ➡ he'll
・she will ➡ she'll
・it will ➡ it'll
・will not ➡ won't

❶　日本語に合うよう，(　　)内から適切なものを選びなさい。

(1) I (helped,　will help) my mother tonight.
　　私は今夜，母を手伝うつもりです。

(2) We are (going to,　will) stay with our aunt next month.
　　私たちは来月，おばのところに滞在する予定です。

(3) (Will,　Does) he come here soon?　— Yes, he (will,　does).
　　彼はすぐにここに来るでしょうか。— はい，来るでしょう。

(4) (Is,　Will) Tom going to climb Mt. Fuji this summer?
　　— Yes, he (is,　will).
　　トムは今年の夏，富士山に登る予定ですか。— はい，そうです。

(5) It (doesn't,　won't) be sunny this weekend.
　　今度の週末は晴れないでしょう。

❷　日本語に合うよう，(　　)内の語を並べかえなさい。

(1) (cook / he / dinner / will) today.　彼は今日，夕食をつくるつもりです。

　　_____ today.

(2) (you / to / going / are / swim) in the sea?　あなたは海で泳ぐつもりですか。

　　_____ in the sea?

●★印の(　　)内から適切なものを選び，メグとジェームスの会話を完成させなさい。

What are you going to do tomorrow?

I'm going to go fishing to Lake Minami.

It ★(was,　will be) rainy tomorrow.

14 助動詞①

❶ I **can play** the piano.　　私はピアノを弾くことができます。

❷ She **may be** tired.　　彼女は疲れているかもしれません。

❸ You **should get** up early.　　あなたは早く起きるべきです。

❹ I **must go** home soon.　　私はすぐに家に帰らなければなりません。

● 助動詞のあとには**動詞の原形**を続ける。
can「～できる」，may「～かもしれない」「～してもよい」，should「～するべきだ」
must「～しなければならない」，have [has] to ～「～しなければならない」

Hints !

1
⑴⑵ 助動詞のあとには動詞の原形がくる。

⑶ 「～するべきだ」と表現する文。

⑷ あとに to が続くことから考える。

⑸ 「～しなければならない」と表現する文。

⑹ 「～してもよい」と表現する文。

⑺ have to とするか has to とするかは，主語の人称と数によって判断する。

2
⑴ 「作ることができる」を〈助動詞＋動詞の原形〉で表す。

⑵⑶ 「～しなければならない」は have [has] to か must で表す。

⑶ kind は形容詞。〈助動詞＋be＋形容詞 ...〉の形にする。

1 日本語に合うよう，（　　）内から適切なものを選びなさい。

⑴ Jim can (write, writes) Japanese.
ジムは日本語を書くことができます。

⑵ They may (come, came) here tonight.
彼らは今夜，ここに来るかもしれません。

⑶ We (can, should) read many books.
私たちはたくさんの本を読むべきです。

⑷ I (must, have) to go to bed early tonight.
私は今夜，早く寝なければなりません。

⑸ She (must, may) do her homework today.
彼女は今日，宿題をしなければなりません。

⑹ You (may, should) use this computer.
このコンピュータを使ってもよいです。

⑺ Yuki (have, has) to go to the hospital tomorrow.
ユキは明日，病院へ行かなければなりません。

2 日本語に合うよう，指定された文字で始まる語を（　　）に書きなさい。

⑴ He (c　　　　　　) (m　　　　　　) a cake.
彼はケーキを作ることができます。

⑵ I (h　　　　　) to (w　　　　　　) for Ken.
私はケンを待たなければなりません。

⑶ We (m　　　　　) (b　　　　　) kind to others.
私たちは他人に親切にしなければなりません。

15 助動詞②

❶ You **must not** run.　　　走ってはいけません。

❷ You **don't have to** run.　走る必要はありません。

❸ **Can** you play soccer?　あなたはサッカーができますか。

● 助動詞の否定文：助動詞のあとに **not** を置く。

● **must** と **have to** の否定文：**must not**「〜してはいけない」（禁止）
　　　　　　　　　　　　　　　don't [doesn't] have to 〜「〜する必要がない」（不必要）

● 助動詞の疑問文：助動詞を主語の前に出す。

Hints!

❶, ❷

● 短縮形
・cannot
　➡ can't
・must not
　➡ mustn't
・should not
　➡ shouldn't

● 助動詞の疑問文を使った表現
・許可を求める
Can [May] I 〜?
「〜してもよいですか。」
・相手に依頼する
Can [Will] you
〜?「〜してくれませんか。」

❷
(1)(2)〈助動詞＋not＋動詞の原形〉
(4)〈助動詞＋主語＋動詞の原形 …?〉の文。依頼する表現。

❶ 日本語に合うよう，(　　)内から適切なものを選びなさい。

(1) She (can't, don't) ride a bike.　彼女は自転車に乗ることができません。

(2) You (mustn't, don't) have to hurry.　あなたは急ぐ必要はありません。

(3) You (shouldn't, mustn't) go to school today.
あなたは今日，学校に行くべきではありません。

(4) (Must, Do) I stay here?　私はここにいなければなりませんか。

(5) (Can, Must) I sit down on this chair? — Sure.
私はこのいすに座ってもよいですか。— どうぞ。

❷ 日本語に合うよう，指定された文字で始まる語を(　　)に書きなさい。

(1) Mike (c　　　　　　) (e　　　　　　) *natto*.
マイクは納豆を食べることができません。

(2) You (m　　　　　　) (t　　　　　　) pictures here.
ここで写真を撮ってはいけません。

(3) He (d　　　　　　) (h　　　　　　) to finish his homework
today.　彼は今日，宿題を終わらせる必要はありません。

(4) (C　　　　　　) (y　　　　　　) close the door?
ドアを閉めてくれませんか。

FUN QUIZ　●メグが困っています。★印の(　　)内から適切なものを選び，話を完成させなさい。

I must run to my house … .

You ★(must, don't have to) run. Use my umbrella together with me.

Thank you. Well, may I ask your name?

　p.14 の答え　will be　　　　　　　　　　　　　　↳ 答えは p.18

❶ **Watching** movies is fun.　映画を見るのは楽しい。

❷ I enjoyed **taking** pictures.　私は写真を撮って楽しみました。

● **動名詞**：「**～すること**」という意味を表す**動詞の～ing 形**
● 動名詞は動詞の性質をもちながら名詞と同様のはたらきをして，文の主語・補語・目的語になる。

Hints !

❶
(1)「バスケットボールをすること」を動名詞を使って表す。

(2)「英語を勉強すること」を動名詞を使って表す。

(3)(4) それぞれ finished, started の目的語を動名詞を使って表す。

(5)(6) 動名詞は前置詞の目的語にもなる。

❷
(1)～(5) それぞれ次の内容を，動名詞を使って表す。
(1)「見ること」

(2)「読むこと」

(3)「聞くこと」

(4)「洗うこと」

(5)「泳ぐこと」

(6)「雨が降ること」

❶ 日本語に合うよう，（　　）内から適切なものを選びなさい。

(1) (Play，Playing) basketball is fun.
バスケットボールをするのは楽しい。

(2) (Study，Studying) English is not easy.
英語を勉強するのは簡単ではありません。

(3) I finished (doing，did) my homework before dinner.
私は夕食前に宿題を終えました。

(4) They started (clean，cleaning) the classroom.
彼らは教室を掃除し始めました。

(5) Tom is good at (plays，playing) the guitar.
トムはギターを弾くのが得意です。

(6) Thank you for (help，helping) me.
私を手伝ってくれてありがとうございます。

❷ [　　]内の動詞を参考にして，日本語に合うように（　　）に適語を書きなさい。

(1) (　　　　　　　) a soccer game (　　　　　　) exciting. [watch]
サッカーの試合を見ることはわくわくします。

(2) My hobby (　　　　　) (　　　　　　) books. [read]
私の趣味は本を読むことです。

(3) She (　　　　　) (　　　　　) to the CD. [listen]
彼女はその CD を聞いて楽しみました。

(4) Tom (　　　　　) (　　　　　) the dishes. [wash]
トムは皿を洗い終えました。

(5) Do you (　　　　　) (　　　　　)? [swim]
あなたは泳ぐのが好きですか。

(6) It (　　　　　) (　　　　　) about an hour ago. [rain]
雨はおよそ 1 時間前に降りやみました。

17 to＋動詞の原形（不定詞）①

❶ I like **to play** the piano.　私はピアノを弾くのが好きです。

❷ It is easy for me **to speak** English.

私にとって英語を話すのは簡単だ。

- ●〈to＋動詞の原形〉を**不定詞**という。
- ● 名詞用法の不定詞：「**～すること**」という意味で名詞のはたらきをする。
- ●〈It is ...（for＋人）to ～.〉「（人にとって）～することは…だ」

Hints！

❶

(1) 不定詞は〈to＋動詞の原形〉で表す。

(2)(3) hope や decide は不定詞を目的語にとるが, 動名詞は目的語にとらない。

❶　日本語に合うよう，（　）内から適切なものを選びなさい。

(1) My brother tried to (ride,　riding) a bike.
弟は自転車に乗ろうとしました。

(2) We hope (meeting,　to meet) you again.
私たちはあなたにまた会うことを望んでいます。

(3) He decided (getting,　to get) up early.
彼は早起きしようと決心しました。

(4) It is natural (smiling,　to smile) when you are happy.
幸せなときに笑うのは自然なことです。

(5) It is important for us (having,　to have) breakfast.
私たちにとって朝食を食べるのは大切なことだ。

❷

(1)～(3) それぞれ次の内容を, 不定詞を使って表す。

(1)「この部屋を掃除すること」

(2)「医者になること」

(3)「このコンピュータを使うこと」

❷　[　]内の動詞を参考にして, 日本語に合うように（　）に適語を書きなさい。

(1) I need (　　　　) (　　　　) this room. [clean]
私はこの部屋を掃除する必要があります。

(2) Jane wants (　　　　) (　　　　) a doctor. [become]
ジェーンは医者になりたがっています。

(3) It is difficult (　　　　) (　　　　) this computer. [use]
このコンピュータを使うのは難しい。

●★印の（　）内から適切なものを選び，ヨウコ，サム，先生の話を完成させなさい。

I want ★(to eat, eating) "*Shu Cream*" now.

What!? Shoe cream!?

It's called "cream puff" in English, Yoko.

cream puff

18　to＋動詞の原形（不定詞）②

❶ **She went to the shop to buy a notebook.**

彼女はノートを買うためにその店へ行きました。

❷ **I'm glad to see you.**　　私はあなたに会えてうれしいです。

❸ **I have homework to do today.**

私には今日，するべき宿題があります。

● 副詞用法の不定詞：「～するために」（目的），「～して」（原因）
● 形容詞用法の不定詞：「～する（ための）」，「～すべき」

Hints !

❶

(1)(2) 「～するために」
と目的を表すとき
は不定詞を使って
表すことができる。

(3) 感情を表す形容詞
のあとに不定詞を
続けて，その感情の
原因を表す。

(4)(5) 形容詞用法の不
定詞は，名詞［代名
詞］を後ろから修飾
する。

❶ 日本語に合うよう，（　　）内から適切なものを選びなさい。

(1) We went to the park (to play, play) tennis.
私たちはテニスをするために公園へ行きました。

(2) He studied hard (to become, become) a doctor.
彼は医者になるために熱心に勉強しました。

(3) I am happy (to talk, talk) with you.
私はあなたと話ができてうれしい。

(4) Please tell me about books (to read, read).
読むべき本について私に教えてください。

(5) Do you have anything (to drink, drink)？
あなたは何か飲むものを持っていますか。

❷

(1) 「会うために」を不
定詞を使って表す。

(2) 「～して驚く」は形
容詞のあとに不定
詞を続けて表す。

(3) 「何か食べるもの」
は「食べるための何
か」と考えて，不定
詞を使って表す。

❷ 日本語に合うよう，（　　）内の語句を並べかえなさい。

(1) She (to / to / went / see / Okinawa) her friend.
彼女は友達に会うために沖縄へ行きました。

She ＿＿＿＿＿＿＿＿＿＿＿＿＿＿＿＿＿＿＿ her friend.

(2) (was / to / I / hear / surprised) the news.
私はそのニュースを聞いて驚きました。

＿＿＿＿＿＿＿＿＿＿＿＿＿＿＿＿＿＿＿ the news.

(3) Please (eat / something / to / give me).
私に何か食べるものを下さい。

Please ＿＿＿＿＿＿＿＿＿＿＿＿＿＿＿＿＿ ．

19 比較の文①

❶ Ben is taller than Akira.　　ベンはアキラより背が高い。

❷ Meg arrived later than Yuki.　　メグはユキより遅く着きました。

● 形容詞［副詞］の**比較級**は原級に-er，**最上級**は原級に-est をつける。　（➡ **Hints !**）

● つづりの長い形容詞［副詞］の比較級は〈more＋原級〉，最上級は〈most＋原級〉

● 〈比較級＋than ...〉：「…より〜」

Hints !

❶, ❷

● 形容詞［副詞］の
比較級・最上級の
変化

①ふつう➡語尾に
er, est をつける

②語尾が e ➡語尾
に r, st をつける

③語尾が y ➡y を i
に変えて er, est
をつける

④big や hot など
➡語尾の字を重
ねて er, est をつ
ける

⑤good や well な
ど➡特別に変化
する

❶ 次の形容詞や副詞の比較級と最上級を書きなさい。

　　　　　　　　　　　　　　比較級　　　　　　　　　最上級

(1) small 　　(　　　　　　　) (　　　　　　　)

(2) large 　　(　　　　　　　) (　　　　　　　)

(3) easy 　　(　　　　　　　) (　　　　　　　)

(4) big 　　　(　　　　　　　) (　　　　　　　)

(5) famous 　(　　　　　　　) (　　　　　　　)

(6) important (　　　　　　　) (　　　　　　　)

(7) good 　　(　　　　　　　) (　　　　　　　)

❷ 指示された語を参考にして（ 　 ）に適語を書き，絵の内容を表す英文を完成させなさい。

❷

(1)(2) 〈副詞の比較級
＋than〉で表す。

(3) 〈形容詞の比較級
＋than〉で表す。
expensive はつづり
が長いことに注意。

(1) Emi runs (　　　　) (　　　　　) Becky.

(2) Jack gets up (　　　　) (　　　　　) Meg.

(3) This bag is (　　　　) (　　　　) (　　　　　) that one.

●★印の（ 　 ）内から適切なものを選び，サラと弟の話を完成させなさい。

Your cake is bigger than mine.

OK. I'll exchange my cake for yours.

Thank you ... .　Wait!　Your cake looks ★(more, most) delicious than mine!

20 比較の文②

❶ Ben is the tallest in his class.

ベンはクラスでいちばん背が高い。

❷ Akira is as tall as Sam.

アキラはサムと同じくらいの背の高さです。

- 〈the＋最上級＋in[of] ...〉:「…(の中)でいちばん〜」
- 〈as＋原級＋as ...〉:「…と同じくらい〜」
- 〈not as＋原級＋as ...〉:「…ほど〜でない」

Hints !

❶
(1)(2)「いちばん…」というときは，形容詞や副詞を最上級にする。

● 「…(の中)で」
・〈in＋場所や集団を表す単数名詞〉
・〈of＋複数を表す名詞〉

(5)(6) as と as の間の形容詞や副詞は原級にする。

❷
(1)「いちばん広い湖」は〈形容詞の最上級＋名詞〉で表す。

(2)〈as＋形容詞の原級＋as〉
「同じくらいの年齢」ということは，「同じくらい年をとっている」ということ。

(3)〈as＋副詞の原級＋as〉

❶ 日本語に合うよう，(　　)内から適切なものを選びなさい。

(1) May swims the (fast, fastest) of the three.
メイは3人の中でいちばん速く泳ぎます。

(2) This is the (more, most) difficult question of the four.
これは4つの中でいちばん難しい質問です。

(3) Mt. Everest is the highest mountain (in, of) the world.
エベレストは世界でいちばん高い山です。

(4) His picture is the best (in, of) the five.
彼の絵は5つの中でいちばんよい。

(5) Kate practiced tennis as (hard, hardest) as Amy.
ケイトはエイミーと同じくらい熱心にテニスを練習しました。

(6) Today is not as (cold, colder) as yesterday.
今日は昨日ほど寒くありません。

❷ 日本語に合うよう，(　　)内の語句を並べかえなさい。

(1) (lake / the / Lake Biwa / largest / is) in Japan.
琵琶湖は日本でいちばん広い湖です。

_____ in Japan.

(2) (old / Mr. White / as / as / is) my father.
ホワイト先生は私の父と同じくらいの年齢です。

_____ my father.

(3) I (sing / well / cannot / as / as) Yumi.
私はユミほど上手に歌うことはできません。

I _____ Yumi.

21 受け身

❶ Tennis is played all over the world.

テニスは世界中で行われています。

❷ These pictures were not taken by Mike.

これらの写真はマイクによって撮られたものではありません。

- 受け身：〈be-動詞＋過去分詞（＋by …）〉「（…によって）〜される」
- 受け身の否定文は，be-動詞のあとに not を置く。
- 受け身の疑問文は，be-動詞を主語の前に出す。

Hints !

❶

(1)〜(4) 過去形と過去分詞形が同じ形の動詞。

(5)〜(8) 原形，過去形，過去分詞形がそれぞれ異なる動詞。

❷

● 過去の受け身
「〜された」という過去の受け身は，be-動詞を was [were] にして表す。

(3)(4) 受け身の否定文は be-動詞のあとに not を置く。

(5) 受け身の疑問文は be-動詞で始める。

---

❶ 次の動詞を過去分詞形にしなさい。

(1) clean （　　　　　）　(2) help （　　　　　）

(3) build （　　　　　）　(4) make （　　　　　）

(5) do （　　　　　）　(6) eat （　　　　　）

(7) speak （　　　　　）　(8) know （　　　　　）

❷ 日本語に合うよう，（　　）内から適切なものを選びなさい。

(1) This song is (love, loved) by many people.
この歌は多くの人に愛されています。

(2) My life was (saving, saved) by the doctor.
私の命はその医師によって助けられました。

(3) These animals (are, do) not seen in my country.
これらの動物は私の国では見られません。

(4) This cup (isn't, doesn't) washed.
このカップは洗ってありません。

(5) (Was, Did) this book written by Soseki？ ― Yes, it (was, did).
この本は漱石によって書かれましたか。― はい，そうです。

FUN QUIZ

●サムのクイズを読み，適切な解答を選びなさい。

What is this?
Hint1　It is a building.
Hint2　It is visited by many people.
Hint3　It was built more than one thousand years ago.

Choose the correct answer!
(a) Tokyo Skytree
(b) Horyuji Temple
(c) Kyoto Tower

❶ **I have used this camera for five years.**

私は5年間ずっとこのカメラを使っています。

❷ **She has just arrived home.**

彼女はちょうど家に着いたところです。

- 現在完了形：〈have [has] ＋過去分詞 ...〉
- 現在完了形の意味：継続「(ずっと)…である，〜している」
  経験「〜したことがある」
  完了「(ちょうど)〜したところだ」，「(すでに)〜してしまった」

Hints !

❶

● 継続を表す現在
完了形でよく使
われる語句
・〈for＋期間を表す
語句〉「…の間」
・〈since＋起点を表
す語句〉「…以来」

(3) We are classmates
... の文が元となる
と考えて，are を過
去分詞形にする。

❷

(1) 副詞の already は,
have と過去分詞の
間に置く。

(2)(3) 経験を表す現在
完了形の文。〈主語
＋ have [has] ＋過
去分詞 ...〉の語順
になる。

(4) 「この前の土曜日
から」と，ある起点
から継続している
ことを示す現在完
了形。

❶ 日本語に合うよう，(　　)内から適切なものを選びなさい。

(1) I have (lived, living) in Kyoto for a year.
私は京都に1年間住んでいます。

(2) Miki has just (finishes, finished) her homework.
ミキはちょうど宿題を終えたところです。

(3) We have (are, been) classmates since last year.
私たちは昨年からクラスメートです。

(4) He has (saw, seen) a panda once.
彼は一度，パンダを見たことがあります。

❷ 日本語に合うよう，(　　)内の語句を並べかえなさい。

(1) (taken / have / I / already) a bath.　私はすでに入浴しました。

_____ a bath.

(2) (the movie / have / we / watched) before.
私たちは以前，その映画を見たことがあります。

_____ before.

(3) (has / Canada / visited / she) three times.
彼女は3回カナダを訪れたことがあります。

_____ three times.

(4) I (busy / since / been / have) last Saturday.
私はこの前の土曜日から忙しいです。

I _____ last Saturday.

❶ He has not finished his homework yet.

彼はまだ宿題を終えていません。

❷ Have you ever visited Kyoto?

あなたは今までに京都を訪れたことがありますか。

● 現在完了の否定文：〈have [has] not＋過去分詞 ...〉
● 現在完了の疑問文：〈Have [Has]＋主語＋過去分詞 ...?〉

Hints !

❶

(1)「1年間会っていない」と継続を表す現在完了形。

(2)「一度も〜したことがない」は never を使って表す。

yet：疑問文で「もう」，否定文で「まだ」を表す。
already：肯定文で「もう」を表す。

(5) 主語が3人称・単数であれば has，それ以外は have を用いる。

❷

(1) had は have「食べる」の過去分詞形である。

(2)「一度も〜したことがない」というとき，never は have と過去分詞の間に置く。

(3)「…へ行ったことがある」は have been to ... で表す。ever は「今までに」という意味を表す。

❶ 日本語に合うよう，（　　）内から適切なものを選びなさい。

(1) I (do, have) not seen my uncle for a year.
私は1年間おじに会っていません。

(2) The girls (have never, do not) played baseball.
その女の子たちは一度も野球をしたことがありません。

(3) Has Tom arrived (yet, already)?
トムはもう到着しましたか。

(4) (Does, Has) Ken known Judy for a long time?
— Yes, he (does, has).
ケンは長い間ジュディのことを知っていますか。— はい，知っています。

(5) (Has, Have) they climbed Mt. Fuji before?
— No, they (hasn't, haven't).
彼らは以前に富士山に登ったことがありますか。— いいえ，ありません。

❷ 日本語に合うよう，（　　）内の語を並べかえなさい。

(1) She (not / yet / breakfast / has / had).
彼女はまだ朝食を食べていません。

She _____.

(2) (read / I / never / have) the book.
私は一度もその本を読んだことがありません。

_____ the book.

(3) (ever / have / to / you / been) Fukuoka?
あなたは今までに福岡へ行ったことがありますか。

_____ Fukuoka?

❶ The **singing** girl is Meg. 　歌っているその少女はメグです。

❷ This is a bag **made** in Japan. 　これは日本で作られたかばんです。

- 現在分詞は「〜している…」という意味を表し，過去分詞は「〜された…」という意味を表す。
- 分詞が1語のときは**名詞の前**に置き，分詞がほかの語句をともなう場合は**名詞の後ろ**に置く。

Hints !

❶
(1)「〜している…」は〜ing 形の現在分詞で表す。
(2)「中古の…」は「使われた…」と考える。

・分詞が1語のときは，名詞の前に置く。
the broken glass
（割られたガラス）

・分詞が2語以上のときは，名詞の後ろに置く。
the gift sent by her
（彼女によって送られた贈り物）

❷
(1) 分詞が1語で名詞を修飾する文。
(2)(3) 語句をともなった分詞が名詞を修飾する文。

❶　日本語に合うよう，（　　）内から適切なものを選びなさい。

(1) The boy (studying, studied) math is Hiro.
数学を勉強しているその少年はヒロです。

(2) I bought a (using, used) bike yesterday.
私は昨日，中古の自転車を買いました。

(3) The (sleeping, sleep) baby is Tom's sister.
眠っているその赤ちゃんはトムの妹です。

(4) Mike has a picture (took, taken) 100 years ago.
マイクは100年前に撮られた写真を持っています。

❷　日本語に合うよう，（　　）内の語句を並べかえなさい。

(1) He (key / found / lost / the). 　彼はなくしたかぎを見つけました。
He _____.

(2) (girl / the / running / over there) is Becky.
向こうで走っている少女はベッキーです。
_____ is Becky.

(3) (Canada / languages / in / the / spoken) are English and French. 　カナダで話されている言語は英語とフランス語です。
_____ are
English and French.

FUN QUIZ

● ★印の（　　）内から適切なものを選び，ケンとサラの話を完成させなさい。

What's this?

These are cookies ★(making, made) by Jim. They look strange, but …

Tastes good!

25 関係代名詞①

❶ Mr. Brown is a teacher who comes from Australia.

ブラウン先生はオーストラリア出身の先生です。

❷ This is a bus which goes to the hospital.

これは病院へ行くバスです。

● 主格の関係代名詞：〈関係代名詞＋動詞 ...〉の形で直前の名詞（＝**先行詞**）を修飾する。

　主格の関係代名詞は，主語の役割をする。

　先行詞が人の場合は who または that，先行詞が**人以外**の場合は which または that を使う。

Hints !

❶

(1) 先行詞は The girl。

(2) 先行詞は a dog。

(3) 先行詞は a book。

(4) 先行詞は the park。

(5) 先行詞は a friend。

❶ 日本語に合うよう，（　　）内から適切なものを選びなさい。

(1) The girl (who, which) is talking with Judy is Yuki.
ジュディと話している少女はユキです。

(2) Mike has a dog (who, which) swims well.
マイクは上手に泳ぐイヌを飼っています。

(3) She read a book (who, which) was written by Soseki.
彼女は漱石によって書かれた本を読みました。

(4) We went to the park (that, who) is near the station.
私たちは駅の近くにある公園へ行きました。

(5) I have a friend (which, who) lives in Australia.
私にはオーストラリアに住んでいる友だちがいます。

❷

(1)〜(3) 〈先行詞＋関係代名詞＋動詞 ...〉の語順になる。

❷ 日本語に合うよう，（　　）内の語句を並べかえなさい。

(1) I know (took / the girl / who) this picture.
私はこの写真を撮った少女を知っています。

I know ＿＿＿＿＿＿＿＿＿＿＿＿＿＿＿ this picture.

(2) Tom sang (is / a song / popular / which) with children.
トムは子どもたちに人気がある歌を歌いました。

Tom sang ＿＿＿＿＿＿＿＿＿＿＿＿＿ with children.

(3) この that は関係代名詞。

(3) She is (my life / saved / that / the doctor).
彼女は私の命を救った医師です。

She is ＿＿＿＿＿＿＿＿＿＿＿＿＿＿＿＿ .

❶ **The bike which Tom uses every day is cool.**

トムが毎日使っている自転車はかっこいい。

❷ **This is the pen that I bought yesterday.**

これは私が昨日買ったペンです。

● 目的格の関係代名詞：〈関係代名詞＋主語＋動詞 ...〉の形で先行詞を修飾する。
目的格の関係代名詞は，目的語の役割をする。
先行詞が人の場合は that，先行詞が人以外の場合は which または that を使う。

Hints !

❶
(1)～(3) 先行詞のあとに〈関係代名詞＋主語＋動詞 ...〉が続く文になる。

(1) 先行詞は the cake。
(2) 先行詞は the picture。
(3) 先 行 詞 は the shoes。

❷
(1) 〈先行詞＋関係代名詞＋主語＋動詞 ...〉の語順にする。
(2) 目的格の関係代名詞は省略できるので，〈先行詞＋主語＋動詞 ...〉の語順となる。

❶ 絵を見て「これは私が昨日～した…です」という英文になるよう，関係代名詞を使って，指示された語を（　　）に適する形に書きかえなさい。

(1) This is the cake (　　　　　) I (　　　　　) yesterday.

(2) This is the picture (　　　　) I (　　　　　) yesterday.

(3) These are the shoes (　　　　) I (　　　　　) yesterday.

❷ 日本語に合うよう，（　　）内の語句を並べかえなさい。

(1) (the bookstore / which / found / we) was closed.
私たちが見つけた本屋は閉まっていた。

_____ was closed.

(2) (yesterday / watched / the movie / I) was interesting.
私が昨日見た映画はおもしろかった。

_____ was interesting.

 FUN QUIZ

●★印の（　　）内から適切なものを選び，サムとケンの話を完成させなさい。

This is a guitar ★(who, that) I bought 5 years ago.

Will you play it for me?

Sorry, I have never played the guitar. I'm always busy ... .

27 前置詞／接続詞

❶ **I got up at six this morning.**　私は今朝，6時に起きました。

❷ **When I saw Tom yesterday, he was practicing soccer.**
私が昨日トムを見かけたとき，彼はサッカーを練習していました。

● 前置詞：(代)名詞などの前に置いて，**時や場所**，**手段**，**方法**などを表す。

● 接続詞：and「…と」，but「しかし」，or「…かまたは」，so「だから」，
when「…のとき」，if「もし…ならば」，because「…なので」，that「…ということ」

Hints !

❶

● 場所を表す前置詞
・by「…のそばに」
・on「〈接触して〉…
（の上）に」
・under「…の真下
に」
・between「…の間
に」

❶ 絵の内容を表す英文になるよう，（　　）に適語を書きなさい。

(3) Mary　Peter　Jane

(1) There is a cat (　　　　　　) the chair.

(2) There are two apples (　　　　　　) the table.

(3) Peter sat (　　　　　　) Mary and Jane.

❷
(1) 空所とその後ろは
条件を表している。

(2) 空所とその後ろは
時を表している。

(3) 空所とその後ろは
think の目的語の役
割をしている。

(4) 空所とその後ろは
理由を表している。

❷ 日本語に合うよう，（　　）に入る適語を□から選んで書きなさい。

(1) Please help me (　　　　　) you are free.
もしひまならば手伝ってください。

(2) I lived in Canada (　　　　　) I was ten.
私は10歳のとき，カナダに住んでいました。

(3) I think (　　　　　) Nancy is kind.
私は，ナンシーは親切だと思います。

(4) They went to the restaurant (　　　　　) they were hungry.
彼らは空腹だったのでレストランへ行きました。

when
because
if
that

FUN QUIZ

● 次の2つの文のうち，正しい方を選びなさい。

ア　If it rains tomorrow, I'll stay at home.

イ　If it will rain tomorrow, I'll stay at home.

ヒント ➡ 条件や時を表す接続詞のあとでは，未来の
ことがらを現在形で表すことに注意する。

 は本文中に配置済み

1 原形不定詞

❶ **Let** me **introduce** my friend.　私の友達を紹介させてください。

❷ Ben **helped** me **carry** the chairs.

ベンは私がいすを運ぶのを手伝ってくれました。

● 〈let＋○＋動詞の原形〉で「**○に〜させる**」の意味。
● 〈help＋○＋動詞の原形〉で「**○が〜するのを手伝う[助ける]**」の意味。
● ○のあとに続く動詞の原形を「**原形不定詞**」という。

Hints!

❶
(1) 「私」が宿題をする
　のをメグが手伝っ
　ている。
(2) お母さんが息子に,
　テレビを見るのを
　禁じている。
(3) 1人の男子がもう
　1人の男子に, 掃除
　の手伝いをお願い
　している。

❶ 絵の内容を表す英文になるよう,（　　　）に適語を書きなさい。

(1) Meg (　　　　　　　　) me (　　　　　　　　) my homework yesterday.
(2) My mother didn't (　　　　　　　　) me (　　　　　　　　) TV.
(3) Will you (　　　　　　　　) me (　　　　　　　　) the classroom?

❷
(1) 否定の命令文とな
　る。

(2) 「…とコミュニケー
　ションをとる」は
　communicate with ...
　で表す。

(3) 「買い物に行く」は
　go shopping。

(4) だれがだれを手伝
　ったのかに注意す
　る。

(5) 何を手伝ったかを
　たずねる疑問文と
　なる。

❷ 日本語に合うよう,（　　　）内の語句を並べかえなさい。

(1) (her / don't / knives / use / let).　彼女にナイフを使わせてはいけません。

_____.

(2) (the foreign woman / us / John / with / helped / communicate).
ジョンは私たちがその外国人女性とコミュニケーションをとる手助けをしてくれました。

_____.

(3) (didn't / me / my mother / go / let) shopping with her.
私の母は, 買い物に同行させてくれませんでした。

_____ shopping with her.

(4) (me / my brother / the report / write / helped).
私の兄は私がそのレポートを書く手伝いをしてくれました。

_____.

(5) (help / did / her / you / what / do) yesterday?
あなたは昨日, 彼女が何をするのを手伝ったのですか。

_____ yesterday?

現在完了進行形

❶ We **have been walking** for two hours.

私たちは2時間ずっと歩いています。

❷ **Has** she **been making** a cake since this morning?

彼女は今朝からずっとケーキを作っているのですか。

● 現在完了進行形〈have [has] been＋動詞の〜ing 形 ...〉で「**ずっと〜している**」と**動作の継続**を表す。

● 疑問文は〈Have [Has] ＋主語＋been＋動詞の〜ing 形 ...?〉で「**ずっと〜していますか**」の意味。〈Yes, 主語＋have [has].〉/〈No, 主語＋have [has] not.〉で答える。

Hints！

❶
(1) 現在完了進行形は，過去の一時点から現在まで継続中の動作を表す。「3時間前から今までずっと」ということ。
(2) 主語のあとに続く語句に注目する。
(3) have か has かは，主語の人称・数によって決まる。

❷
(1) 天候を表す文の主語には it を用いる。
(2) they've は， they have の短縮形。
(3) 現在完了進行形の疑問文は，主語のあとに been が続く。
(4) 現在完了進行形の疑問文に対する答えは，現在完了形の疑問文に答えるときと同じ。

● 継続期間をたずねる
・〈How long＋have [has] ＋主語＋been ＋動詞の〜ing 形...?〉
「…はどのくらいの間〜しているのですか」

---

❶ 日本語に合うよう，（　　）内から適切なものを選びなさい。

(1) I (am,　have been) reading a book for three hours.
私は3時間ずっと本を読んでいます。

(2) (Have,　Did) you been studying English since you got home?
あなたは家に帰ってからずっと英語を勉強しているのですか。

(3) (⑵に答えて) Yes, I (has,　have).
はい，そうです。

❷ 日本語に合うよう，（　　）内の語句や記号を並べかえなさい。

(1) (been / has / since / it / raining) last night.
昨夜からずっと雨が降っています。

_____ last night.

(2) (been / classroom / their / they've / cleaning) for thirty minutes.
彼らは30分間ずっと自分たちの教室を掃除しています。

_____ for thirty minutes.

(3) (been / since / listening to / has / music / he) he had dinner?
彼は夕食を食べてからずっと音楽を聞いているのですか。

_____ he had dinner?

(4) (⑶に答えて) (he / not / no / has / ,).　いいえ，ちがいます。

_____.

(5) (been / has / long / talking / she / how) on the phone?
彼女はどのくらいの間電話で話しているのですか。

_____ on the phone?

❶ If I **were** you, I **would** go home soon.

私があなただったら，すぐに帰宅するのに。

❷ If I **had** much money, I **could** buy the nice shoes.

もしたくさんお金を持っていたら，そのすてきな靴が買えるのに。

❸ I **wish** he **were** here now.　　彼が今，ここにいたらなあ。

● 「もし…なら，〜なのに」と**現在の事実に反する仮想**を述べるときは，
　仮定法過去〈If＋主語＋(助)動詞の過去形 ...，主語＋助動詞の過去形＋動詞の原形〜.〉で表す。
● 「…ならなあ」と**現在の事実に反する願望**を述べるときは，
　〈I wish＋主語＋(助)動詞の過去形 ...〉で表す。

Hints！

1
絵の中のフキダシの中の内容が，仮想や願望を表している。
(1) 仮定法過去では，主語によらず，be-動詞の過去形はwereが好まれる。
(2) 助動詞のあとに続く動詞は，仮定法過去の文であっても原形。
(3) 「〜できたらなあ」という文になる。

1 絵の内容を表す英文になるよう，（　　）に適語を書きなさい。

(1) If my English teacher (　　　　　) here, I would (　　　　　　)
English from her right now.

(2) If I (　　　　　　) time, I could (　　　　　　) video games.

(3) I wish I (　　　　　　) (　　　　　　) Japanese well.

2 ［　］内の動詞や助動詞を参考にして，日本語に合うよう，（　　）に適語を書きなさい。

2
(1)，(2) 仮定法過去の文になるので，ifの中の動詞も，あとに続く主節の助動詞も過去形になる。

(1) If I (　　　　　　) another umbrella, I (　　　　　　)
lend it to you. ［have］
もしもう１本かさを持っていたら，あなたにそれを貸すのに。

(2) If I (　　　　　　) at the hotel, I (　　　　　　) enjoy
special dinner. ［stay］
そのホテルに滞在していたら，スペシャルディナーを楽しめるのに。

(3) I (　　　　　　) she (　　　　　　) my sister. ［be］
彼女が私のお姉さんだったらなあ。

(4) 実際にはピアノを上手にひけないことをおさえること。

(4) I wish I (　　　　　) (　　　　　　) the piano well. ［can play］
上手にピアノをひけたらなあ。

辞書を引こう

★ 辞書を使って，次の文に含まれる appointments の意味を調べてみよう。

I had many appointments yesterday.

STEP 1 変化している語は元の形にしよう

❶ 複数形は単数形に　　　　　appointments ➡ appointment

❷ 動詞は原形に　　　　　　　uses ➡ use，used ➡ use

❸ 比較級・最上級は原級に　　busier ➡ busy

STEP 2 アルファベット順に単語をさがそう

辞書の横についているアルファベットを見て，最初の文字のaの部分を開こう。

開いたページのいちばん上の単語の2番目の文字と，調べたい単語の2番目の文字pを比べよう。

なければほかのページへ。あったら3番目の文字同士も比べよう。

そのページが見つかったら，その中でさがそう。

STEP 3 辞書の表記を確認しよう

見出し語　　発音記号・アクセント　　例文と訳

意味

ap・point・ment　［əpɔ́intmənt］

名 ❶ U 任命，指名：We approved of the *appointment* of Mike as captain.
私たちはマイクをキャプテンに任命することに賛成した。

❷ C U （面会の）**約束**，（医師などの）予約：I *made an appointment with* Mr. Brown.　私はブラウン氏と会う日時を決めた。

by appointment （日時を）約束したうえで，予約したうえで

関連熟語と訳

記号

名 名詞	C 数えられる名詞		
U 数えられない名詞			
代 代名詞	動 動詞		
形 形容詞	副 副詞		
前 前置詞	接 接続詞		

TRY ★ 辞書を使って次の単語の品詞と意味を調べて，（　　）内に書きなさい。

(1) imitate 　（品詞：　　　　意味：　　　　　　　　　）

(2) cereal 　（品詞：　　　　意味：　　　　　　　　　）

(3) accurate 　（品詞：　　　　意味：　　　　　　　　　）

(4) thoroughly 　（品詞：　　　　意味：　　　　　　　　　）

アルファベットと英単語の確認

1 大文字と小文字が対応するように，☐に適切なアルファベットを書きなさい。

[大文字] A B C D E ☐ ☐ H ☐ J K L

[小文字] a ☐ c ☐ e f g h i ☐ k l m

[大文字] ☐ O P Q ☐ S ☐ U V W X Y Z

[小文字] n o ☐ ☐ r s t ☐ v w x ☐ z

2 次の日本語に合うものを下の絵から探し，英語で書きなさい。

clock window desk pencil dictionary newspaper chair guitar

(1) 辞書 _____

(2) 鉛筆 _____

(3) 新聞 _____

(4) ギター _____

(5) 机 _____

(6) いす _____

(7) 窓 _____

(8) 時計 _____

1

1 名詞

❶ **I have three sisters.**　私には3人の姉妹がいます。

❷ **We have two cats.**　私たちはネコを2匹飼っています。

- 2つ［人］以上の物［人］は，**複数形**にする。
- 名詞の複数形は，語尾に**-s[-es]**をつける。（➡ **Hints!**）
- 不規則に変化するものもある。　child ➡ children，man ➡ men

Hints!

1, 2

●複数形のつくり方
①ふつう ➡ 語尾にsをつける
②語尾が s, sh, ch, x ➡ 語尾に es をつける
③語尾が〈a, i, u, e, o 以外＋y〉➡ y を i に変えて es をつける
④不規則に変化する

2

●複数を表す語句
・some「いくつかの…」
・many / a lot of「たくさんの…」

(2) 不規則に変化する名詞であることに注意する。

1 英語を参考に，絵に合うよう（　　）に適語を書きなさい。

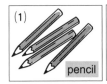 pencil　 bus　 watch　 box

(1) four (　　　　　　)　　(2) two (　　　　　　　)

(3) three (　　　　　　)　　(4) five (　　　　　　　)

2　日本語に合うよう，[　　]内の語を正しい形に変えて（　）に書きなさい。

(1) I have two [camera].　　　　　　　（　　　　　　）
私はカメラを2台持っています。

(2) Mr. Brown has three [child].　　　（　　　　　　）
ブラウン先生には3人の子どもがいます。

(3) He bought some [book].　　　　　（　　　　　　）
彼は本を何冊か買いました。

(4) We have five [class] today.　　　（　　　　　　）
私たちは今日，5つの授業があります。

(5) She visited many [country].　　　（　　　　　　）
彼女はたくさんの国を訪れました。

(6) I got a lot of [apple] from my aunt.　（　　　　　　）
私はおばからたくさんのりんごをもらいました。

FUN QUIZ　●次の単語は英語で何と表現するでしょうか。□ から選びなさい。

(1) ガソリンスタンド　（　　　　）　　(2) ビニール袋　（　　　　　）

(3) トランプ　　　　　（　　　　）　　(4) ノートパソコン　（　　　　　）

| ア laptop | イ cards | ウ gas station | エ plastic bag |